Impressum
Verlag: BABADADA GmbH, Nedderfeld 112 , 22529 Hamburg
Geschäftsführer / Verlagsleitung: Harald Hof
Druck: Books on Demand GmbH, In de Tarpen 42, 22848 Norderstedt

Imprint
Publisher: BABADADA GmbH, Nedderfeld 112 , 22529 Hamburg, Germany
Managing Director / Publishing direction: Harald Hof
Print: Books on Demand GmbH, In de Tarpen 42, 22848 Norderstedt

shule

de school

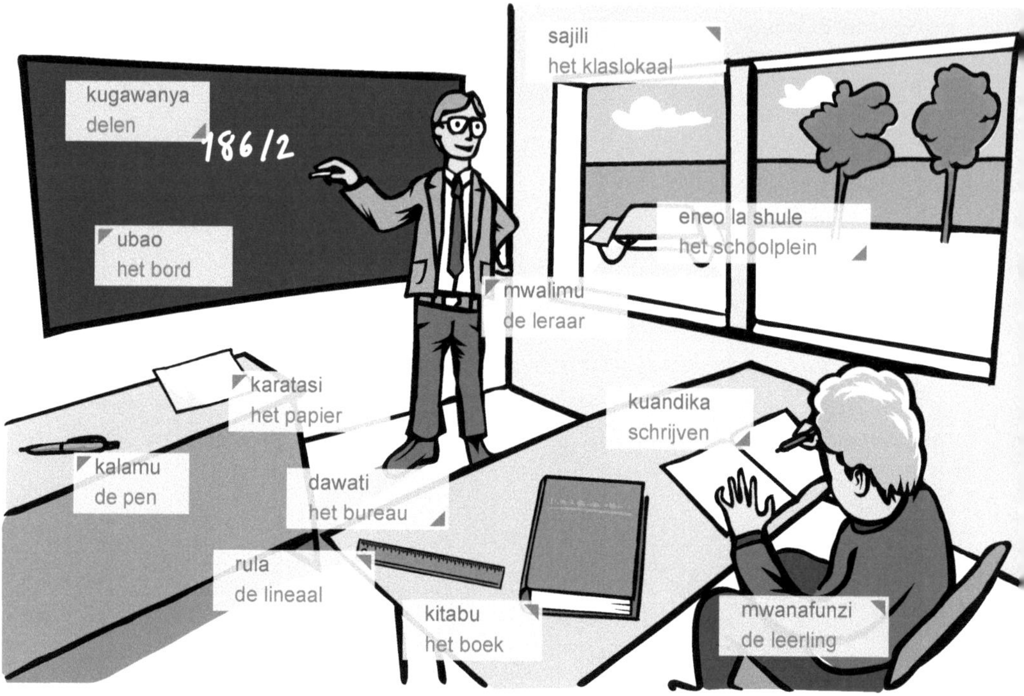

sajili
het klaslokaal
kugawanya
delen
186/2
ubao
het bord
eneo la shule
het schoolplein
mwalimu
de leraar
karatasi
het papier
kuandika
schrijven
kalamu
de pen
dawati
het bureau
rula
de lineaal
kitabu
het boek
mwanafunzi
de leerling

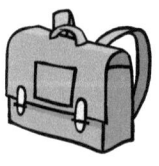

mkoba

de schooltas

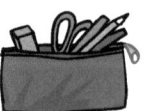

kikasha cha penseli

de etui

penseli

het potlood

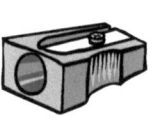

kichonga penseli

de puntenslijper

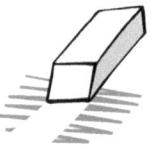

mpira

de gum

pedi ya kuchora

het schetsblok

uchoraji

de tekening

brashi ya rangi

het penseel

sanduku la rangi

de verfdoos

mkasi

de schaar

gundi

de lijm

daftari

het schrift

kazi ya nyumbani

het huiswerk

nambari

het getal

jumlisha

optellen

ondoa

aftrekken

zidisha

vermenigvuldigen

kokotoa

rekenen

barua

de letter

alfabeti

het alfabet

neno

het woord

maandishi

de tekst

kusoma

lezen

chaki

het krijt

somo

de les

sajili

het klassenboek

uchunguzi

het examen

cheti

het diploma

sare za shule

het schooluniform

elimu

de opleiding

elezo

de encyclopedie

chuo kikuu

de universiteit

darubini

de microscoop

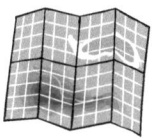

ramani

de kaart

kikapu cha kuweka karatasi chafu

de prullenmand

usafiri
de reis

hoteli
het hotel
Grand
hosteli
het hostel
ROOMS
ofisi ya ubadilishanaji
het wisselkantoor
sanduku
de koffer
gari
de auto

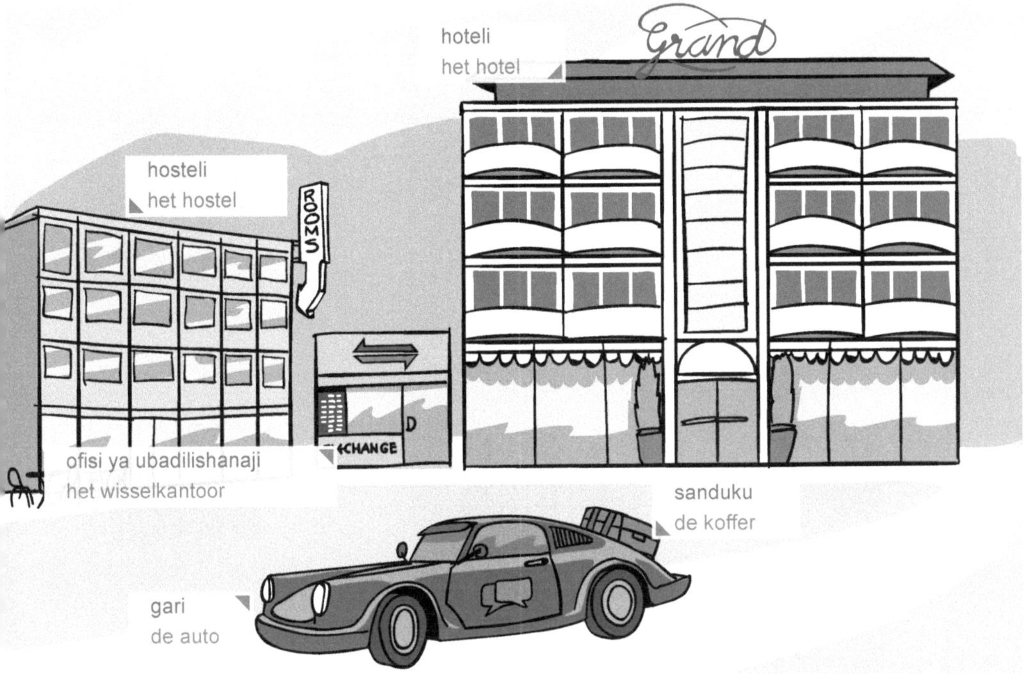

lugha

de taal

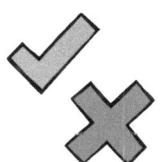

ndiyo / la

ja / nee

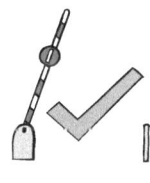

sawa

oké

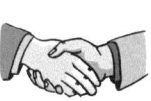

hujambo

Hallo!

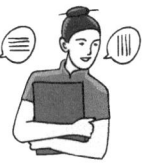

mtafsiri

de tolk

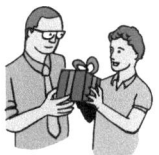

Asante

Bedankt.

kiasi gani ni ...?

Wat kost ...?

Sielewi

Ik begrijp het niet.

tatizo

het probleem

Jioni njema!

Goedenavond!

Habari za asubuhi!

Goedemorgen!

Usiku mwema!

Goedenacht!

kwa heri

Tot ziens!

mwelekeo

de richting

mizigo

de bagage

mfuko

de tas

shanta

de rugzak

mgeni

de gast

chumba

de kamer

begi la kulalia

de slaapzak

hema

de tent

taarifa ya utalii

het VVV-kantoor

ufuo

het strand

kadi

de creditkaart

kifunguakinywa

het ontbijt

chakula cha mchana

de lunch

chakula cha jioni

het diner

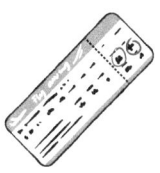

tiketi

het kaartje

kuinua

de lift

muhuri

de postzegel

mpaka

de grens

mila

de douane

ubalozi

de ambassade

visa

het visum

pasipoti

het paspoort

usafiri
het transport

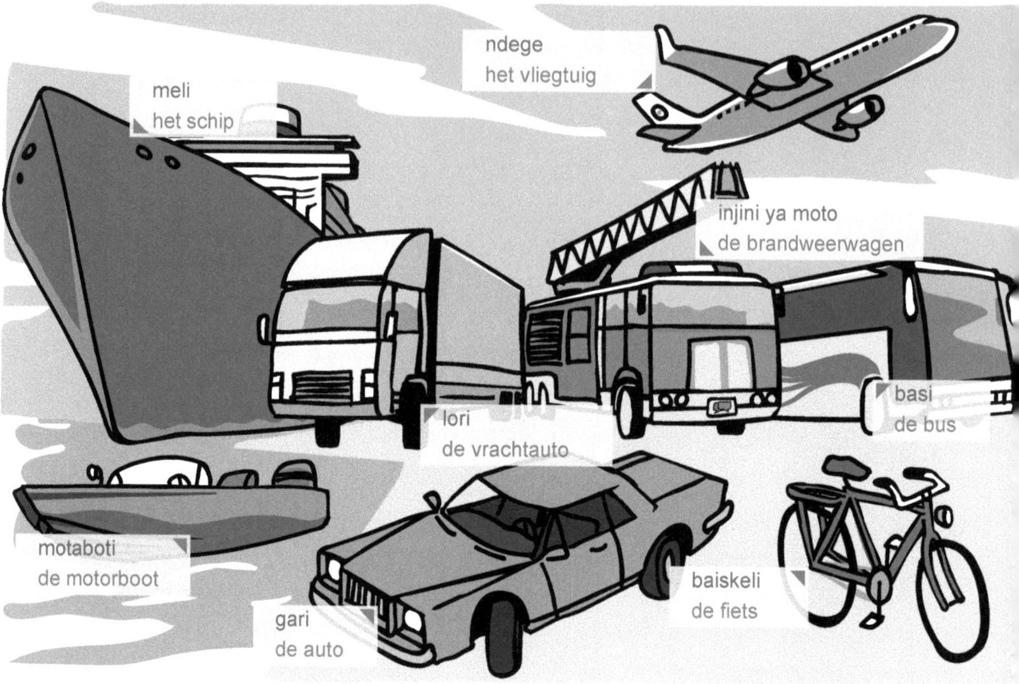
ndege
het vliegtuig
meli
het schip
injini ya moto
de brandweerwagen
basi
de bus
lori
de vrachtauto
motaboti
de motorboot
baiskeli
de fiets
gari
de auto

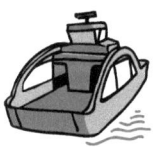

feri
de veerboot

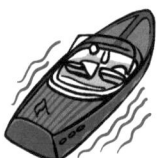

mashua
de boot

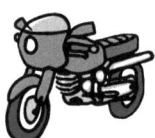

pikipiki
de motorfiets

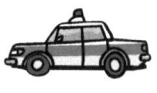

gari la polisi
de politiewagen

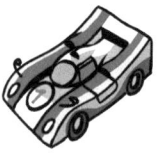

gari la mashindano
de raceauto

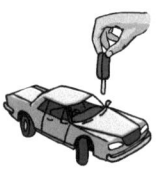

gari la kukodisha
de huurauto

kushiriki gari

de carsharing

lori la kuvuta

de takelwagen

ukusanyaji taka

de vuilniswagen

motor

de motor

mafuta

de benzine

kituo cha mafuta

de benzinepomp

ishara trafiki

het verkeersbord

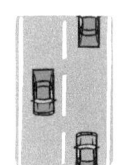

trafiki

het verkeer

msongamano

de file

maegesho

de parkeerplaats

kituo cha treni

het station

reli

de rails

garimoshi

de trein

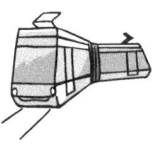

tremu

de tram

gari la mizigo

de wagon

helikopta

de helikopter

uwanja wa ndege

de luchthaven

mnara

de toren

abiria

de passagier

chombo

de container

katoni

de verhuisdoos

mkokoteni

de kar

kikapu

de mand

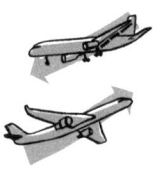

ondoka

opstijgen / landen

jiji

de stad

kijiji

het dorp

katikati ya jiji

het stadscentrum

nyumba

het huis

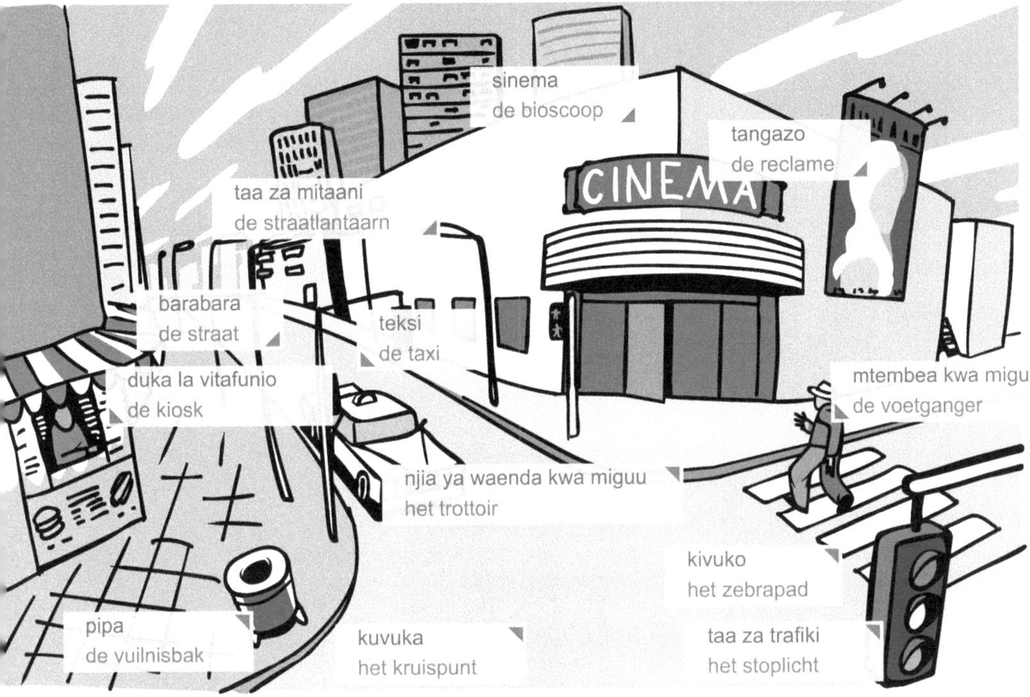

sinema
de bioscoop

tangazo
de reclame

taa za mitaani
de straatlantaarn

CINEMA

barabara
de straat

teksi
de taxi

duka la vitafunio
de kiosk

mtembea kwa miguu
de voetganger

njia ya waenda kwa miguu
het trottoir

kivuko
het zebrapad

pipa
de vuilnisbak

kuvuka
het kruispunt

taa za trafiki
het stoplicht

kibanda

de hut

gorofa

het appartement

kituo cha treni

het station

ukumbi wa mji

het stadhuis

Makavazi

het museum

shule

de school

chuo kikuu

de universiteit

benki

de bank

hospitali

het ziekenhuis

hoteli

het hotel

duka la dawa

de apotheek

ofisi

het kantoor

duka la kitabu

de boekenwinkel

duka

de winkel

duka la maua

de bloemenwinkel

dukakuu

de supermarkt

soko

de markt

idara ya kuhifadhi

het warenhuis

mwuza samaki

de visboer

kituo cha ununuzi

het winkelcentrum

bandari

de haven

Hifadhi

het park

benki

de bank

daraja

de brug

vidato

de trap

chini ya ardhi

de metro

handaki

de tunnel

kituo cha mabasi

de bushalte

bar

de bar

mgahawa

het restaurant

sanduku la posta

de brievenbus

ishara ya barabara

het straatnaambord

mita ya maegesho

de parkeermeter

bustani ya wanyama

de dierentuin

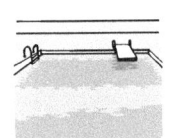

kidimbwi cha kuogelea

het zwembad

msikiti

de moskee

shamba

de boerderij

uchafuzi

de vervuiling

makaburini

de begraafplaats

kanisa

de kerk

uwanja wa michezo

de speelplaats

hekalu

de tempel

mazingira
het landschap

jani
het blad

ishara ya mwelekeo
de wegwijzer

njia
de weg

malisho
de weide

jiwe
de steen

mti
de boom

mtembeaji wa masafa
de wandelaar

mto
de rivier

nyasi
het gras

ua
de bloem

bonde

de vallei

kilima

de berg

ziwa

het meer

msitu

het bos

jangwa

de woestijn

volkano

de vulkaan

ngome

het kasteel

upinde wa mvua

de regenboog

uyoga

de paddenstoel

mtende

de palmboom

mbu

de mug

kuruka

de vlieg

chungu

de mier

nyuki

de bij

buibui

de spin

mende

de kever

chura

de kikker

kuchakuro

de eekhoorn

nungunungu

de egel

sungura

de haas

bundi

de uil

ndege

de vogel

swan

de zwaan

nguruwe mwitu

het wild zwijn

kulungu

het hert

aina ya kongoni

de eland

bwawa

de stuwdam

tabo ya upepo

de windmolen

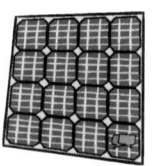

nishaji ya jua

het zonnepaneel

hali ya hewa

het klimaat

mgahawa
het restaurant

mhudumu
de ober
menyu
het menu
kiti
de stoel
supu
de soep
piza
de pizza
vilia
het bestek
kitambaa cha mezani
het tafelkleed

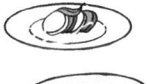

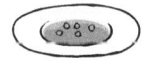

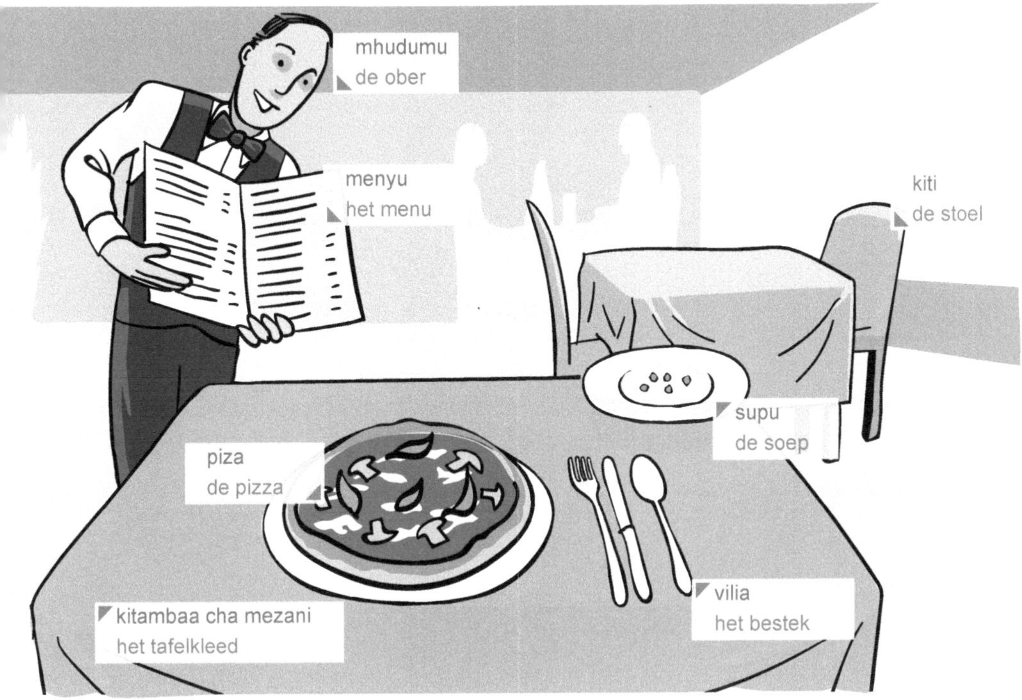

kiamsha hamu

het voorgerecht

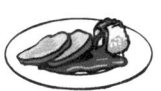

kozi kuu

het hoofdgerecht

kitindamlo

het toetje

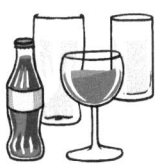

vinywaji

de dranken

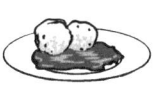

chakula

het eten

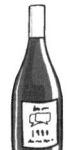

chupa

de fles

chakula cha haraka

de/het fastfood

Streetfood

het eetkraampje

buli

de theepot

kisanduku cha sukari

de suikerpot

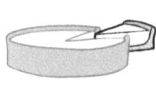

sehemu

de portie

mashine ya espresso

de espressomachine

kiti kirefu

de kinderstoel

muswada

de rekening

trei

het dienblad

kisu

het mes

uma

de vork

kijiko

de lepel

kijiko cha chai

de theelepel

nepi

het servet

glasi

het glas

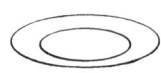

sahani

het bord

sahani ya supu

het soepbord

sufuria

de schotel

mchuzi

de saus

kichanyaji chumvi

het zoutvaatje

kinu cha pilipili

de pepermolen

siki

de azijn

mafuta

de olie

viungo

de kruiden

kechapu

de ketchup

haradali

de mosterd

kachumbari nzito

de mayonaise

dukakuu
de supermarkt

ofa maalum
de aanbieding
FOR
mteja
de klant
maziwa
de zuivelproducten
matunda
het fruit
toroli
de winkelwagen

BUTCHERS

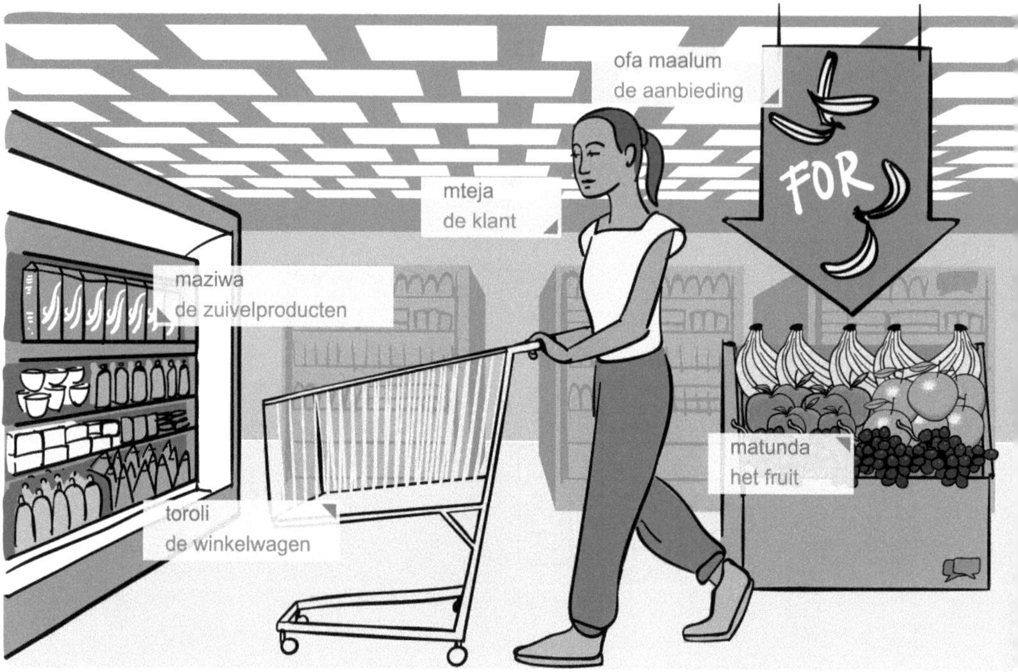

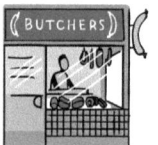

mchinjaji

de slager

BAKERY

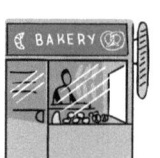

mwokaji

de bakkerij

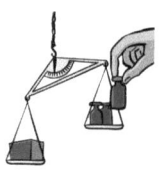

uzito

wegen

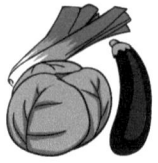

mboga

de groente

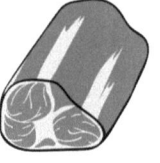

nyama

het vlees

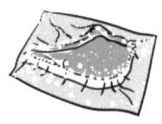

chakula waliohifadhiwa

de diepvriesproducten

vipande vya nyama baridi

de vleeswaren

chakula cha kopo

de conserven

sabuni ya unga

het wasmiddel

pipi

het snoepgoed

bidhaa za kaya

de huishoudelijke artikelen

bidhaa za kusafisha

het schoonmaakmiddel

mtu mauzo

de verkoopster

mpaka

de kassa

keshia

de kassier

orodha ya manunuzi

het boodschappenlijstje

masaa ya ufunguzi

de openingstijden

mkoba

de portefeuille

kadi

de creditkaart

mfuko

de tas

mfuko wa plastiki

de plastic zak

de dranken

maji

het water

sharubati

het sap

maziwa

de melk

coke

de cola

mvinyo

de wijn

bia

het bier

pombe

de alcohol

kakao

de chocolademelk

chai

de thee

kahawa

de koffie

spreso

de espresso

kapuchino

de cappuccino

ndizi

de banaan

tufaha

de appel

machungwa

de sinaasappel

tikiti

de watermeloen

lemon

de citroen

karoti

de wortel

kitunguu saumu

de knoflook

mianzi

de bamboe

kitunguu

de ui

uyoga

de paddenstoel

karanga

de noten

nudo

de pasta

spageti

de spaghetti

mpunga

de rijst

saladi

de salade

vibanzi

de friet

viazi vya kukaanga

de gebakken aardappelen

piza

de pizza

hambaga

de hamburger

sandwichi

de sandwich

kipande

de schnitzel

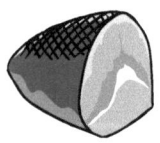

paja la mnyama

de ham

salami

de salami

soseji

de worst

kuku

de kip

choma

het gebraad

samaki

de vis

oats ya uji

de havermout

muesli

de muesli

cornflakes

de cornflakes

unga

het meel

kroisanti

de croissant

andazi

de broodjes

mkate

het brood

mkate wa kubanika

de toast

biskuti

de koekjes

siagi

de boter

maziwa mgando

de kwark

kcki

de taart

yai

het ei

yai kukaanga

het gebakken ei

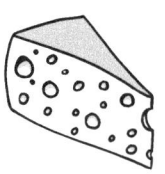

jibini

de kaas

aiskrimu

het ijs

sukari

de suiker

asali

de honing

jemu

de jam

kuenea kwa chokoleti

de chocoladepasta

mchuzi wa viungo

de kerrie

shamba
de boerderij

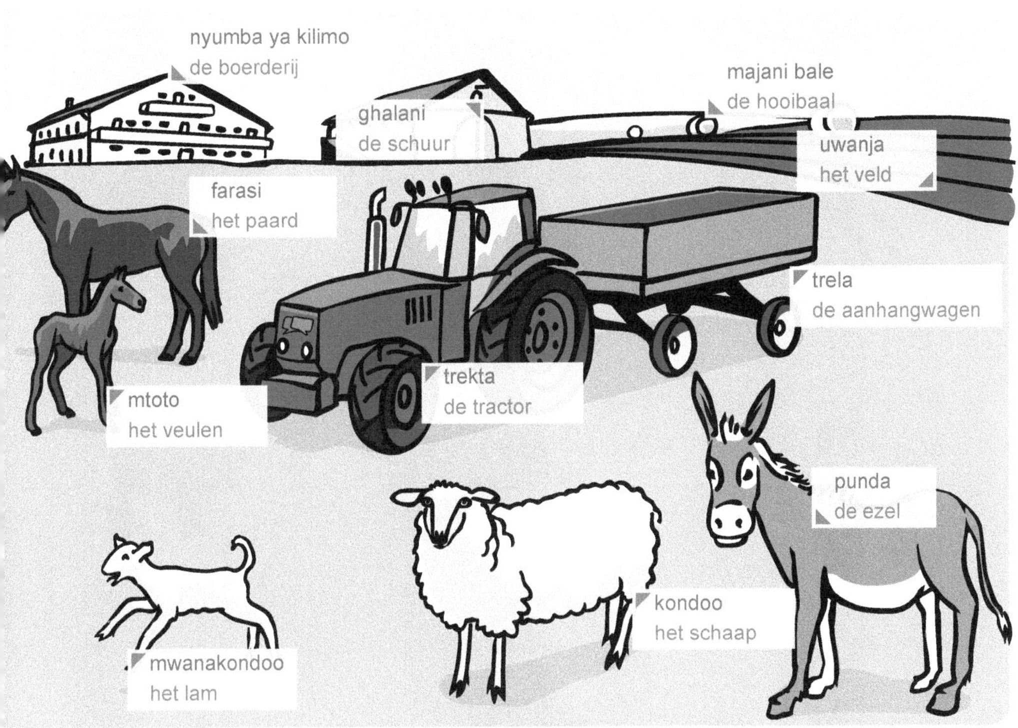

nyumba ya kilimo
de boerderij
majani bale
de hooibaal
ghalani
de schuur
uwanja
het veld
farasi
het paard
trela
de aanhangwagen
mtoto
het veulen
trekta
de tractor
punda
de ezel
kondoo
het schaap
mwanakondoo
het lam

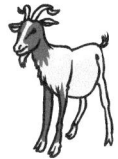

mbuzi
de geit

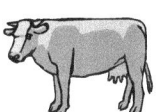

ng'ombe
de koe

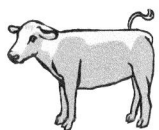

ndama
het kalf

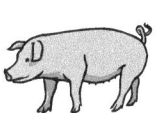

nguruwe
het varken

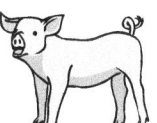

mwananguruwe
de big

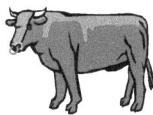

fahali
de stier

batabukini

de gans

bata

de eend

kifaranga

het kuiken

kuku

de kip

jogoo

de haan

panya

de rat

paka

de kat

panya

de muis

ng'ombe

de os

mbwa

de hond

nyumba ya mbwa

het hondenhok

bomba la bustani

de tuinslang

debe la kumwagilia maji

de gieter

fyekeo

de zeis

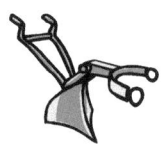

kulima

de ploeg

mundu

de sikkel

jembe

de schoffel

uma wa nyasi

de hooivork

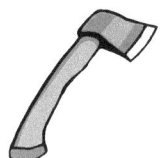

shoka

de bijl

toroli

de kruiwagen

kupitia nyimbo

de trog

chombo cha maziwa

de melkbus

gunia

de zak

ua

het hek

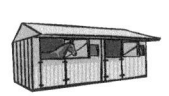

imara

de stal

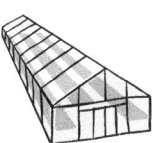

chafu

de broeikas

udongo

de grond

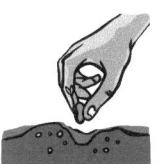

mbegu

het zaad

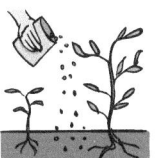

mbolea

de mest

kivunaji

de maaidorser

mavuno

oogsten

mavuno

de oogst

viazi vikuu

de yam

ngano

de tarwe

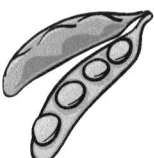

soya

de soja

viazi

de aardappel

mahindi

de maïs

rapa

het koolzaad

mti wa matunda

de fruitboom

muhogo

de maniok

nafaka

de granen

nyumba
het huis

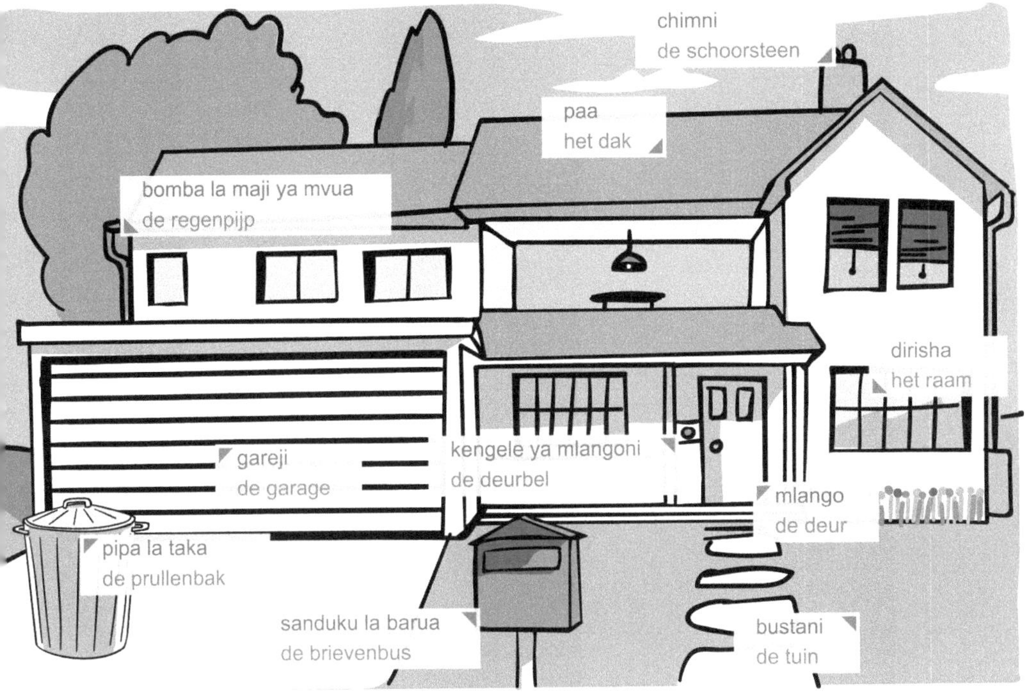
chimni
de schoorsteen
paa
het dak
bomba la maji ya mvua
de regenpijp
dirisha
het raam
gareji
de garage
kengele ya mlangoni
de deurbel
mlango
de deur
pipa la taka
de prullenbak
sanduku la barua
de brievenbus
bustani
de tuin

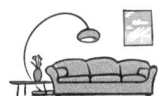

sebuleni

de woonkamer

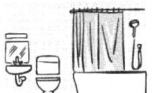

bafu

de badkamer

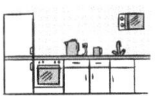

jikoni

de keuken

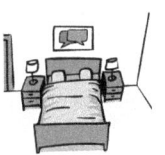

chumba cha kulala

de slaapkamer

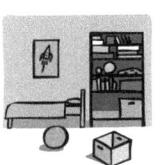

chumba ya mtoto

de kinderkamer

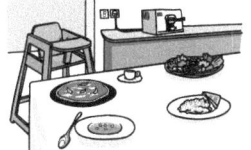

chumba cha kulia

de eetkamer

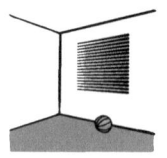

sakafu

de vloer

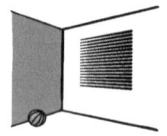

ukuta

de muur

dari

het plafond

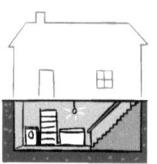

pishi

de kelder

sauna

de sauna

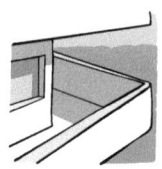

roshani

het balkon

mtaro

het terras

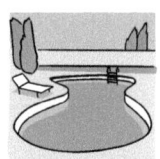

kidimbwi

het zwembad

mashine ya kukata nyasi

de grasmaaier

karatasi

het laken

kitambaa cha kupamba
kitanda

de bedsprei

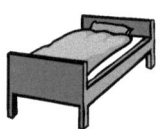

kitanda

het bed

ufagio

de bezem

ndoo

de emmer

kubadili

de schakelaar

sebuleni

de woonkamer

mandhari
het behang
picha
de foto
taa
de lamp
rafu
de plank
kabati
de kast
televisheni/runinga
de televisie
mekoni
de open haard
ua
de bloem
mto
het kussen
sofa
het bankstel
chombo cha maua
de vaas
kitenzambali
de afstandsbediening

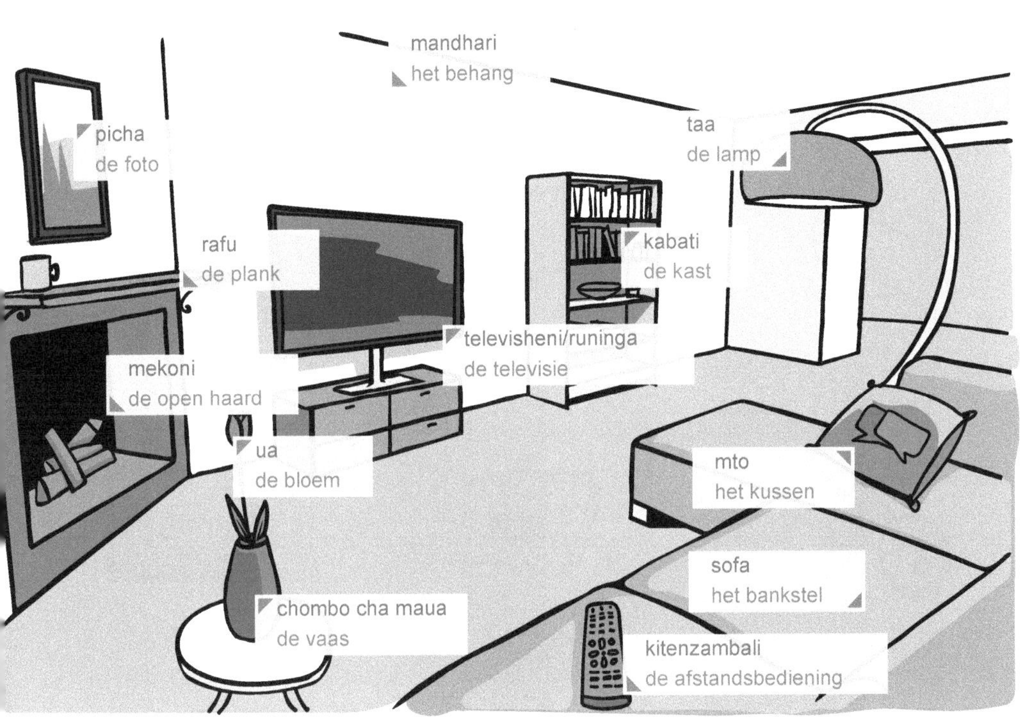

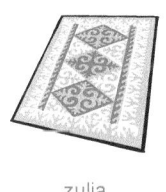

zulia

het tapijt

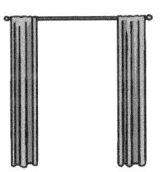

pazia

het gordijn

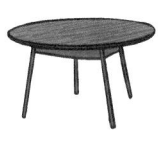

meza

de tafel

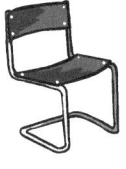

kiti

de stoel

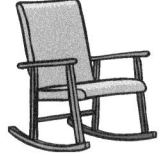

kiti cha bembea

de schommelstoel

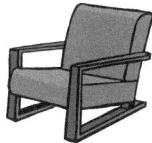

armchair

de stoel

kitabu

het boek

blanketi

de deken

mapambo

de decoratie

kuni

het brandhout

filamu

de film

kifaa cha hi-fi

de stereo-installatie

ufunguo

de sleutel

gazeti

de krant

uchoraji

het schilderij

bango

de poster

redio

de radio

daftari

het kladblok

kifyonza

de stofzuiger

dungusi kakati

de cactus

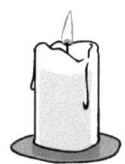

mshumaa

de kaars

jikoni
de keuken

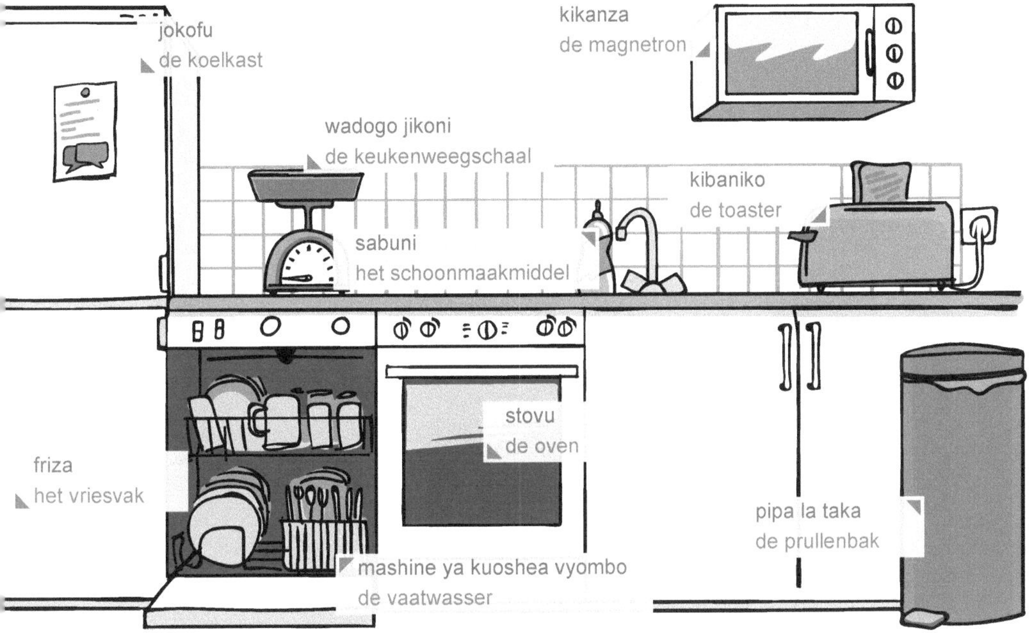
jokofu
de koelkast
kikanza
de magnetron
wadogo jikoni
de keukenweegschaal
kibaniko
de toaster
sabuni
het schoonmaakmiddel
stovu
de oven
friza
het vriesvak
pipa la taka
de prullenbak
mashine ya kuoshea vyombo
de vaatwasser

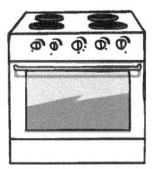

jiko la kupika
het fornuis

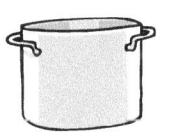

chungu
de pan

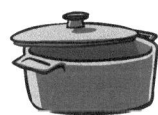

sufuria ya chuma
de gietijzeren pan

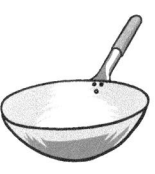

wok / kadai
de wok / kadai

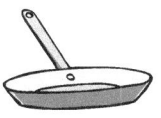

kaango
de koekenpan

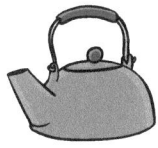

birika
de ketel

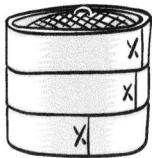

stima

de stoomkoker

sinia ya kuoka

de bakplaat

vyombo vya udongo

het servies

kombe

de beker

bakuli

de kom

vijiti vya kulia

de eetstokjes

ukawa

de soeplepel

mwiko mpana

de spatel

burashi

de garde

kichujio

het vergiet

chujio

de zeef

mbuzi

de rasp

chokaa

de vijzel

barbeque

de barbecue

moto wazi

de vuurhaard

jikoni - de keuken

ubao wa majaribio

de snijplank

kijiti cha kusukuma unga

de deegroller

kizibuo

de kurkentrekker

kopo

het blik

inaweza kopo

de blikopener

kishikio cha chungu

de pannenlap

karo

de wasbak

brashi

de borstel

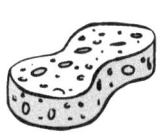

sifongo

de spons

kisagaji matunda

de blender

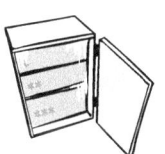

friji ya kina

de vriezer

chupa ya mtoto

het babyflesje

bomba

de kraan

de badkamer

joto
de verwarming

mfereji wa kuogea
de douche

taulo
de handdoek

pazia la kuogea
het douchegordijn

maji ya kuoga yenye povu
het bubbelbad

hodhi
het bad

glasi
het glas

mashine ya kuosha
de wasmachine

vigae
de tegels

bomba
de kraan

poti
het potje

karo
de wasbak

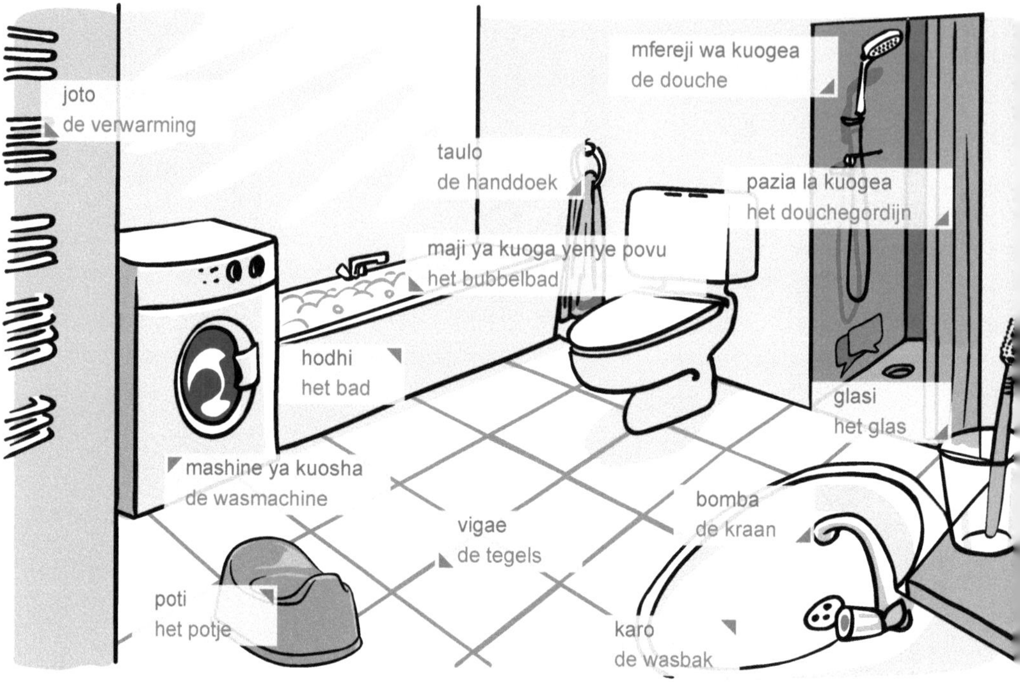

choo
het toilet

choo cha squat
het hurktoilet

beseni la mviringo
de/het bidet

choo cha umma
het urinoir

shashi
het toiletpapier

brashi ya choo
de toiletborstel

mswaki

de tandenborstel

dawa ya meno

de tandpasta

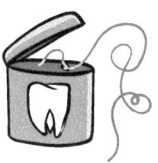

dawa ya meno

het flosdraad

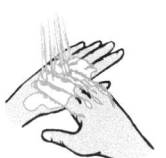

safisha

wassen

kuoga mkono

de handdouche

msukumo wa maji

de toiletdouche

bonde

de waskom

mpako wa pili

de rugborstel

sabuni

de zeep

jeli ya kuogca

de douchegel

shampuu

de shampoo

flana

het washandje

toa maji

de afvoer

krimu

de creme

kiondoa harufu

de deodorant

kioo

de spiegel

kioo mkono

de make-upspiegel

kinyozi

het scheermes

povu la kunyoa

het scheerschuim

baada ya kunyoa

de aftershave

kichana

de kam

brashi

de borstel

kikausha nywele

de haardroger

marashi ya nyewele

de haarspray

vipodozi

de make-up

kidomwa

de lippenstift

varnish ya msumari

de nagellak

pamba

de watten

mkasi wa kucha

het nagelschaartje

manukato

de/het parfum

mkoba wa kuosha

de toilettas

kinyesi

de kruk

mizani

de weegschaal

nguo ya kuoga

de badjas

glavu za mpira

de rubber handschoenen

kisodo

de tampon

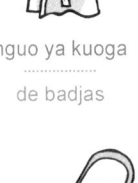

sodo

het maandverband

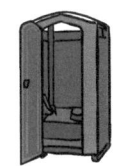

kemikali choo

het chemisch toilet

chumba ya mtoto
de kinderkamer

saa ya kengele
de wekker
kidoli cha kupakata
het knuffeldier
gari bandia
de speelgoedauto
kelele
de rammelaar
chumba cha midoli
het poppenhuis
sasa
het cadeau

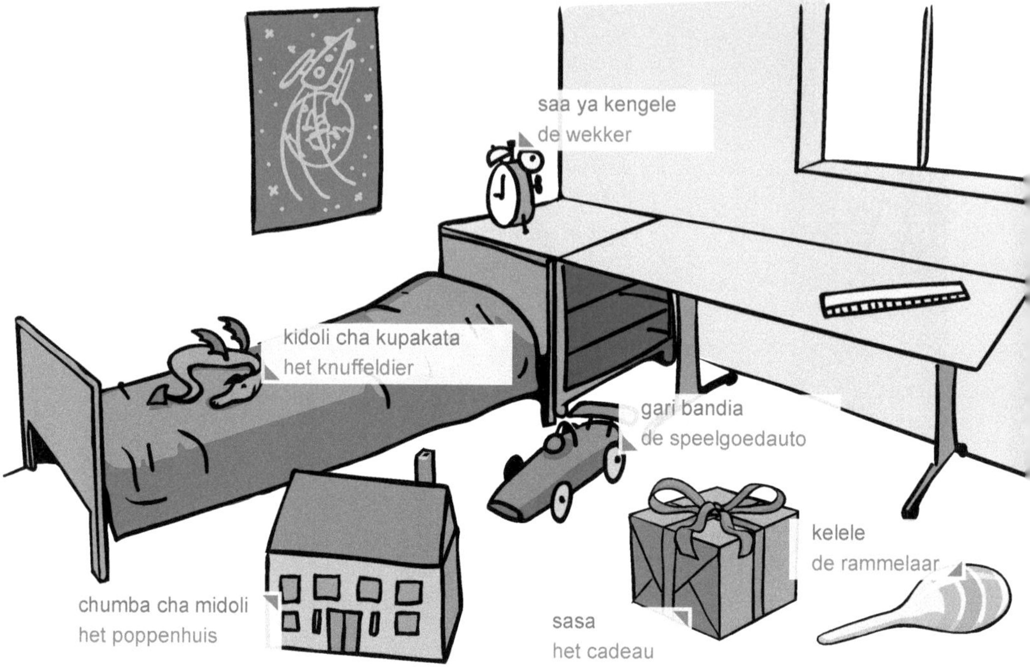

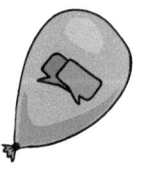

baluni
de ballon

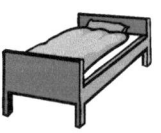

kitanda
het bed

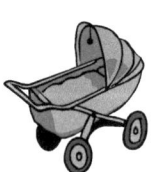

mashua
de kinderwagen

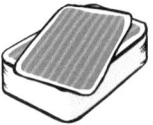

staha ya kadi
het kaartspel

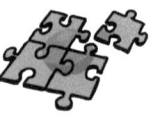

mchezo-fumb
de puzzel

SUPER MEGA

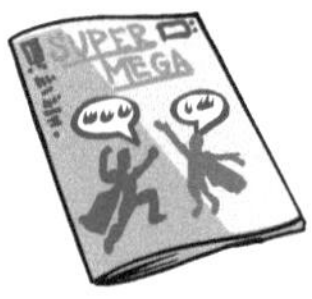

vichekesho
het stripverhaal

matofali lego

de legostenen

vitalu mwigo

de speelgoedblokken

hatua takwimu

het actiefiguurtje

suti ya kulalia

de romper

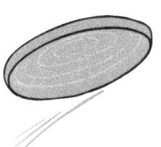

kisahani

de frisbee

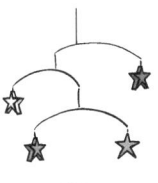

simu

de/het mobile

ubao wa michezo

het bordspel

kete

de dobbelsteen

garimoshi mwigo

de modeltrein

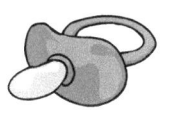

dummy

de speen

chama

het feestje

picha kitabu

het prentenboek

mpira

de bal

kikaragosi

de pop

kucheza

spelen

shimo la mchanga

de zandbak

bembea

de schommel

vitu bandia

het speelgoed

kiweko cha video ya mchezo

de spelcomputer

baiskeli ya magurudumu

de driewieler

matatu

mwanasesere

de teddybeer

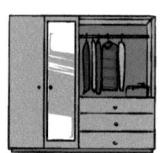

kabati

de kleerkast

nguo

de kleding

soksi

de sokken

stokingi

de kousen

kibano

de panty

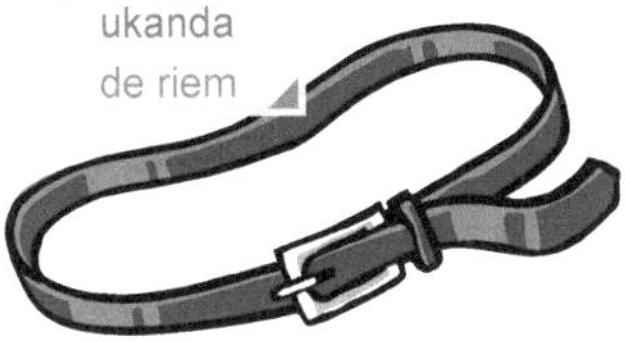

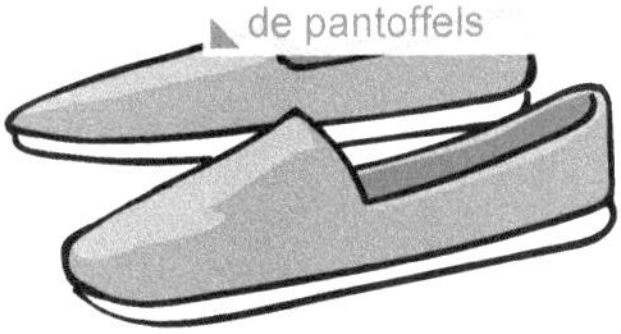

skafu
de sjaal

mwavuli
de paraplu

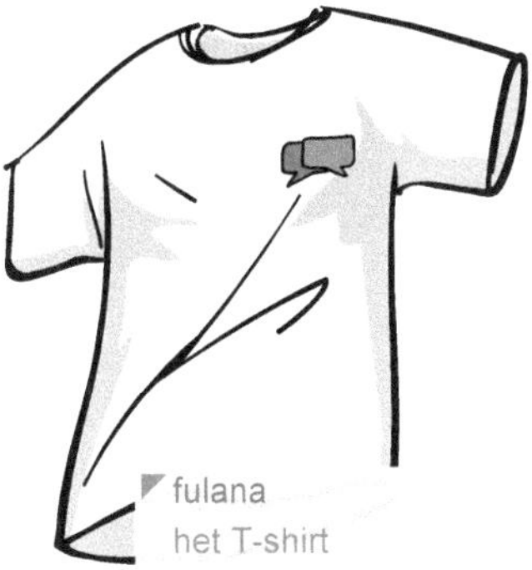

ukanda
de riem

fulana
het T-shirt

viatu
de laarzen

ndara
de pantoffels

wakufunzi
de sportschoenen

malapa
de sandalen

viatu
de schoenen

mabuti ya mpira
de rubberlaarzen

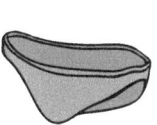

suruali ya ndani
de onderbroek

sidiria
de beha

fulana
het onderhemd

mwili

de body

suruali

de broek

dangirizi

de spijkerbroek

sketi

de rok

blauzi

de blouse

shati

het overhemd

vuta

de trui

sweta

de hoody

bleza

de blazer

jaketi

de jas

koti

de mantel

koti la mvua

de regenjas

maleba

het kostuum

gauni

de jurk

mavazi ya harusi

de trouwjurk

suti

het pak

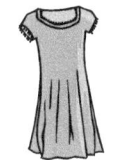

vazi la usiku

het nachthemd

pajama

de pyjama

sari

de sari

skafu

de hoofddoek

kilemba

de tulband

burka

de boerka

kaftan

de kaftan

abaya

de abaja

vazi la kuogelea

het zwempak

vazi la kiume la kuogelea

de zwembroek

kaptura

de korte broek

teitei

het trainingspak

aproni

de/het schort

glavu

de handschoenen

kifungo

de knoop

glasi

de bril

bangili

de armband

mkufu

de ketting

pete

de ring

herini

de oorbel

kofia

de pet

kiango cha koti

de kledinghanger

kofia

de hoed

tai

de stropdas

zipu

de rits

kofia

de helm

kanda za suruali

de bretels

sare za shule

het schooluniform

sare

het uniform

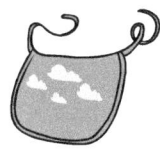

bibu

het slabbetje

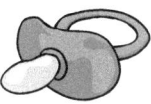

dummy

de speen

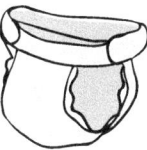

nepi

de luier

ofisi

het kantoor

seva
de server
kabati la kuweka faili
de archiefkast
aratasi
et papier
kichapishaji
de printer
kiwambo
het beeldscherm
dawati
het bureau
kipanya
de muis
folda
de map
kibodi
het toetsenbord
u cha kuweka karatasi chafu
llenmand
kompyuta
de computer
kiti
de stoel

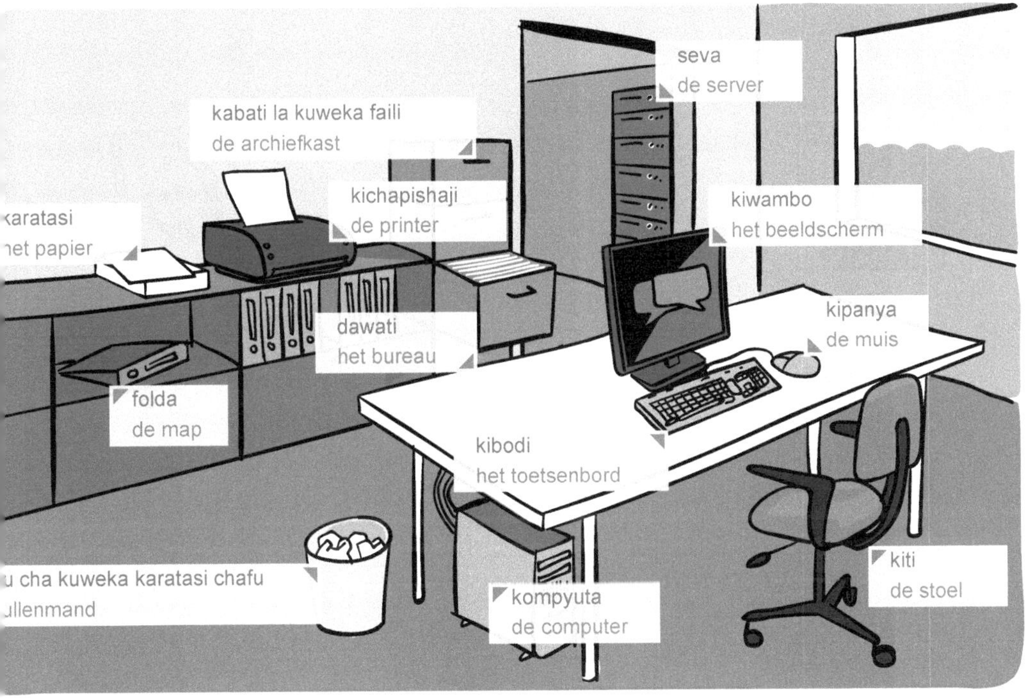

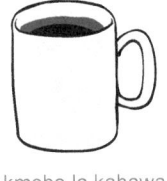

kmobe la kahawa

de koffiemok

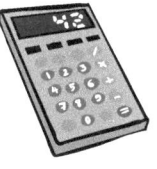

kikokotoo

de rekenmachine

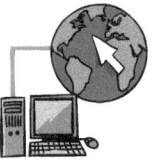

biashara

het internet

mbali

de laptop

barua

de brief

ujumbe

het bericht

rununu

de mobiele telefoon

intaneti

het netwerk

fotokopia

de kopieermachine

programu

de software

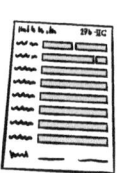

simu

de telefoon

soketi

het stopcontact

kipepesi

de fax

fomu

het formulier

hati

het document

ofisi - het kantoor

kununua

kopen

kulipa

betalen

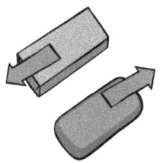

biashara

handel drijven

fedha

het geld

dola

de dollar

yuro

de euro

yeni

de yen

rouble

de roebel

faranga ya Uswisi

de Zwitserse frank

renminbi yuan

de renminbi yuan

rupia

de roepie

eneo la kulipia

de geldautomaat

ofisi ya ubadilishanaji

het wisselkantoor

dhahabu

het goud

fedha

het zilver

mafuta

de olie

nishati

de energie

bei

de prijs

mkataba

het contract

kodi

de belasting

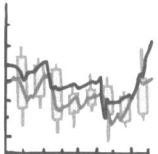

bidhaa

het aandeel

kazi

werken

mfanyakazi

de werknemer

mwajiri

de werkgever

kiwanda

de fabriek

duka

de winkel

afisa wa polisi
de politieagent

mzimamoto
de brandweerman

mpishi
de kok

daktari
de dokter

rubani
de piloot

mtunza bustani

de tuinman

seremala

de timmerman

mshonaji

de naaister

hakimu

de rechter

mwanakemia

de scheikundige

muigizaji

de toneelspeler

dereva wa basi

de buschauffeur

dereva wa teksi

de taxichauffeur

mvuvi

de visser

mwanamke wa kusafisha

de schoonmaakster

mwezekaji

de dakdekker

mhudumu

de ober

mwindaji

de jager

mchoraji

de schilder

mwokaji

de bakker

umeme

de elektricien

mjenzi

de bouwvakker

mhandisi

de ingenieur

mchinjaji

de slager

fundi bomba

de loodgieter

mwanaposta

de postbode

mwanajeshi

de soldaat

msanifu majengo

de architect

keshia

de kassier

muuza maua

de bloemist

msusi

de kapper

kondakta

de conducteur

mekanika

de monteur

nahodha

de kapitein

daktari wa meno

de tandarts

mwanasayansi

de wetenschapper

rabbi

de rabbi

imamu

de imam

mtawa

de monnik

kasisi

de pastoor

zana
het gereedschap

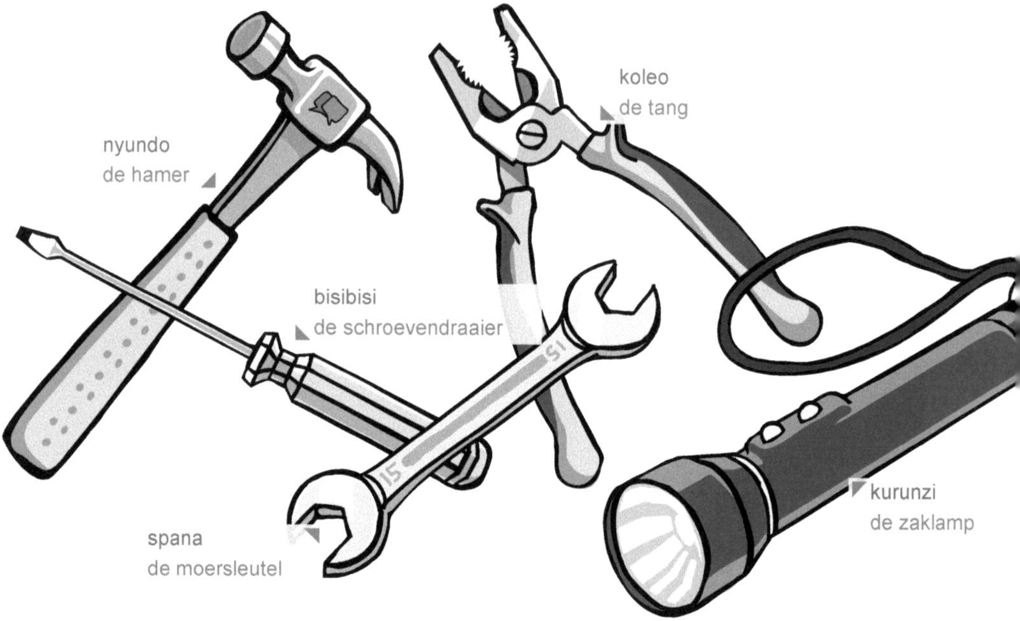
nyundo
de hamer
koleo
de tang
bisibisi
de schroevendraaier
spana
de moersleutel
kurunzi
de zaklamp

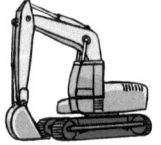

mchimbaji
de graafmachine

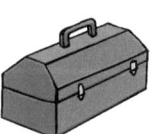

sanduku la vifaa
de gereedschapskist

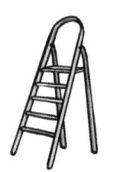

ngazi
de ladder

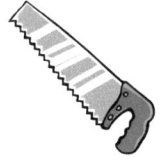

msumeno
de zaag

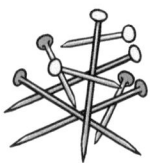

misumari
de spijkers

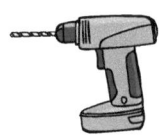

kuchimba visima
de boor

kukarabati

repareren

sepetu

de schep

Lo!

Verdorie!

kishikio cha uchafu

het stofblik

chungu cha rangi

de verfpot

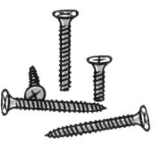

skurubu

de schroeven

ala za muziki
de muziekinstrumenten

mpangilio wa ngoma
het drumstel

spika
de luidspreker

gita
de gitaar

besi mara mbili
de contrabas

tarumbeta
de trompet

piano

de piano

fidla

de viool

ubeji

de bas

timpani

de pauk

ngoma

de trommel

kibodi

het keyboard

saksafoni

de saxofoon

filimbi

de fluit

maikrofoni

de microfoon

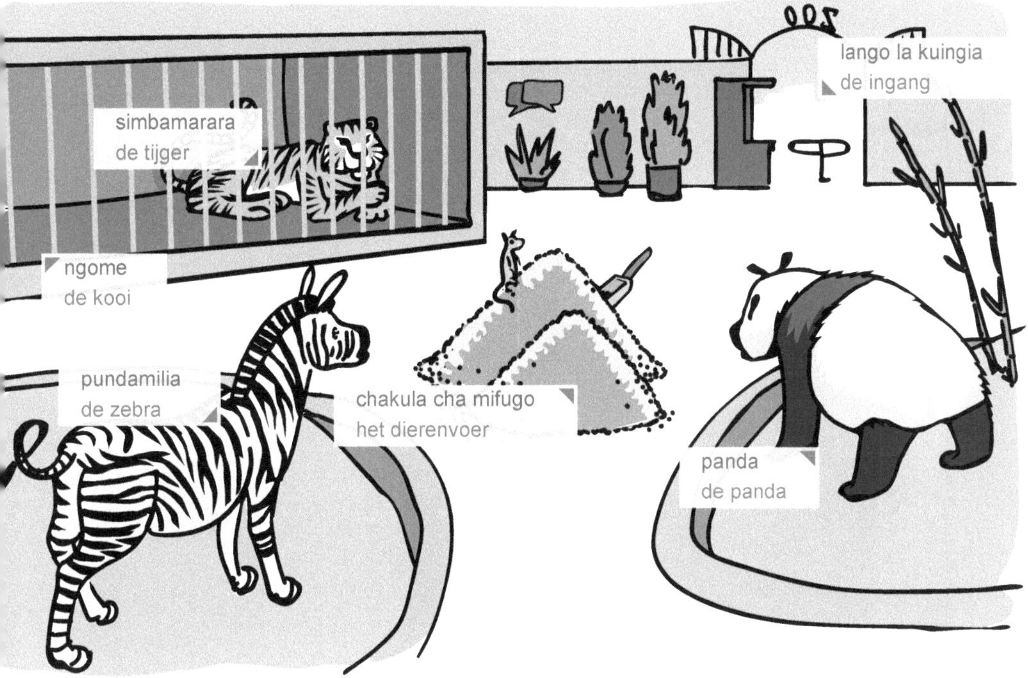

lango la kuingia
de ingang

simbamarara
de tijger

ngome
de kooi

pundamilia
de zebra

chakula cha mifugo
het dierenvoer

panda
de panda

wanyama

de dieren

tembo

de olifant

kangaruu

de kangoeroe

kifaru

de neushoorn

sokwe

de gorilla

dubu

de beer

ngamia

de kameel

mbuni

de struisvogel

simba

de leeuw

tumbili

de aap

heroe

de flamingo

kasuku

de papegaai

dubu

de ijsbeer

penguini

de pinguïn

papa

de haai

tausi

de pauw

nyoka

de slang

mamba

de krokodil

mtunza wanyama

de dierenverzorger

muhuri

de zeehond

jaguar

de jaguar

mwanafarasi

de pony

chui

de/het luipaard

kiboko

het nijlpaard

twiga

de giraffe

tai

de adelaar

nguruwe mwitu

het wild zwijn

samaki

de vis

kobe

de schildpad

sili

de walrus

mbweha

de vos

paa

de gazelle

soka ya marekani
American football

uendeshaji baiskeli
wielrennen

tenisi
tennis

mpira wa kikapu
basketbal

kuogelea
zwemmen

ndondi
boksen

magongo ya barafuni
ijshockey

soka
voetbal

vinyoya
badminton

riadha
atletiek

mpira wa mikono
handbal

skii
skiën

polo
polo

cheka
lachen

kuruka
springen

kumbatia
knuffelen

kutembea
lopen

kuimba
zingen

ota ndoto
dromen

kuomba
bidden

busu
kussen

kuandika

schrijven

kuteka

tekenen

angalia

tonen

sukuma

duwen

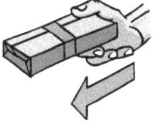

kutoa

geven

kuchukua

oppakken

kuwa

hebben

fanya

doen

kuwa

zijn

kusimama

staan

kukimbia

rennen

vuta

trekken

kutupa

gooien

kuanguka

vallen

hadaa

liggen

kusubiri

wachten

kubeba

dragen

kukaa

zitten

vaa nguo

aankleden

usingizi

slapen

kuamka

wakker worden

kuangalia
....
bekijken

lia
....
huilen

kiharusi
....
strelen

chana nywele
....
kammen

ongea
....
praten

kuelewa
....
begrijpen

kuuliza
....
vragen

kusikiliza
....
horen

kunywa
....
drinken

kula
....
eten

nadhifisha
....
opruimen

upendo
....
houden van

mpishi
....
koken

gari
....
rijden

kuruka
....
vliegen

meli
zeilen

kokotoa
rekenen

kusoma
lezen

kujifunza
leren

kazi
werken

kuoa
trouwen

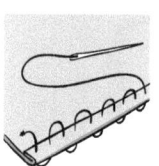

kushona
naaien

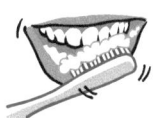

piga mswaki
tandenpoetsen

kuua
doden

moshi
roken

kutuma
verzenden

bi
grootmoeder

babu
de grootvader

baba
de vader

mama
de moeder

mtoto
de baby

binti
de dochter

bin
de zoon

mgeni

de gast

shangazi

de tante

mjomba

de oom

kaka

de broer

dada

de zus

familia - de familie

mwili

het lichaam

paji la uso
het voorhoofd
jicho
het oog
bega
de schouder
kidole
de vinger
uso
het gezicht
kidevu
de kin
mkono
de hand
mguu
het been
matiti
de borst
mkono
de arm

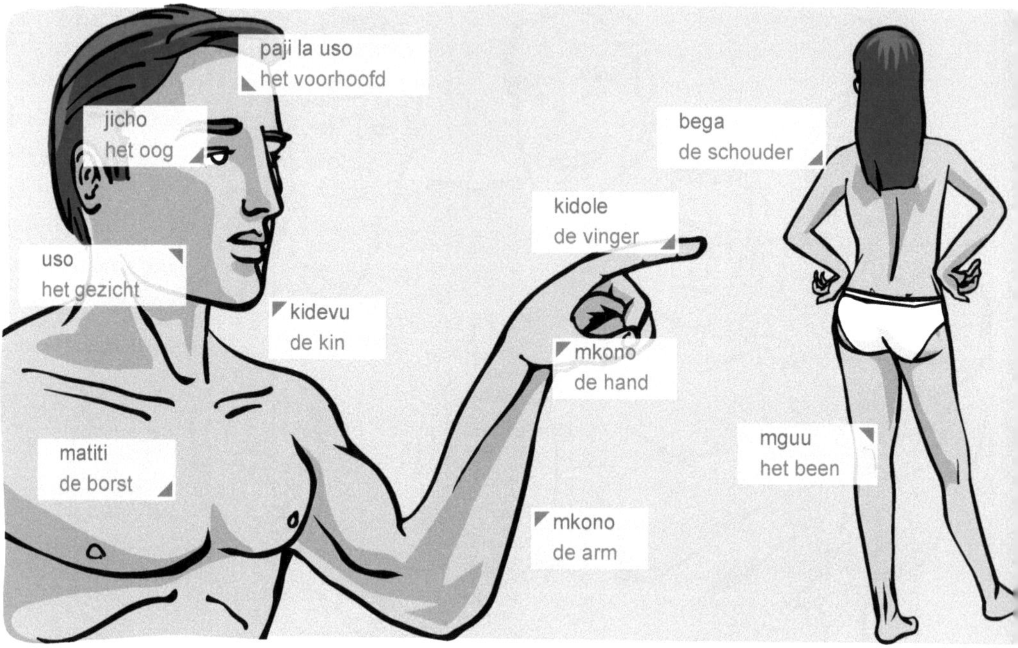

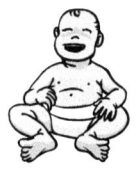

mtoto

de baby

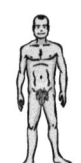

mwanamume

de man

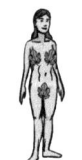

mwanamke

de vrouw

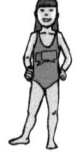

msichana

het meisje

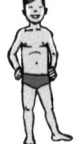

mvulana

de jongen

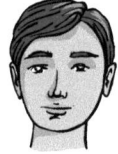

kichwa

het hoofd

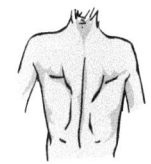

nyuma

de rug

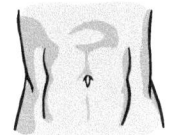

tumbo

de buik

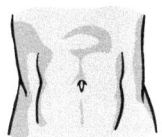

kitovu

de navel

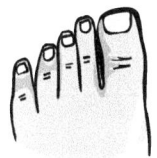

chano

de teen

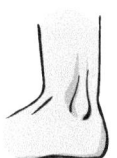

kisigino

de hiel

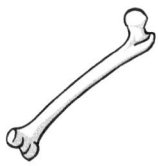

mfupa

het bot

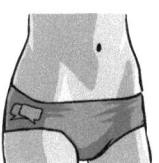

nyonga

de heup

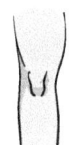

goti

de knie

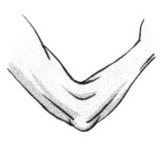

kiwiko

de elleboog

pua

de neus

chini

het achterwerk

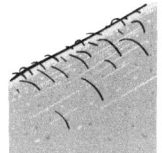

ngozi

de huid

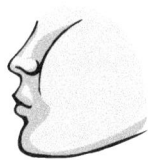

shavu

de wang

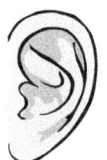

sikio

het oor

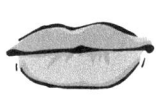

mdomo

de lippen

kinywa

de mond

jino

de tand

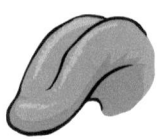

ulimi

de tong

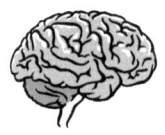

ubongo

de hersenen

moyo

het hart

misuli

de spier

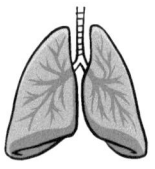

pafu

de long

ini

de lever

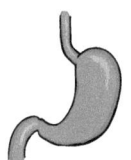

tumbo

de maag

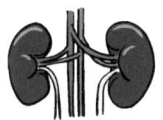

figo

de nieren

jinsia

de geslachtsgemeenschap

kondomu

het condoom

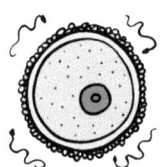

ovari

de eicel

shahawa

het sperma

mimba

de zwangerschap

mwili - het lichaam

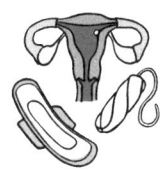

hedhi

de menstruatie

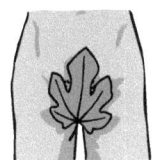

uke

de vagina

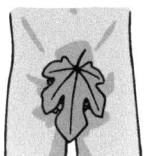

uume

de penis

unyusi

de wenkbrauw

nywele

het haar

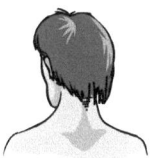

shingo

de hals

hospitali
het ziekenhuis

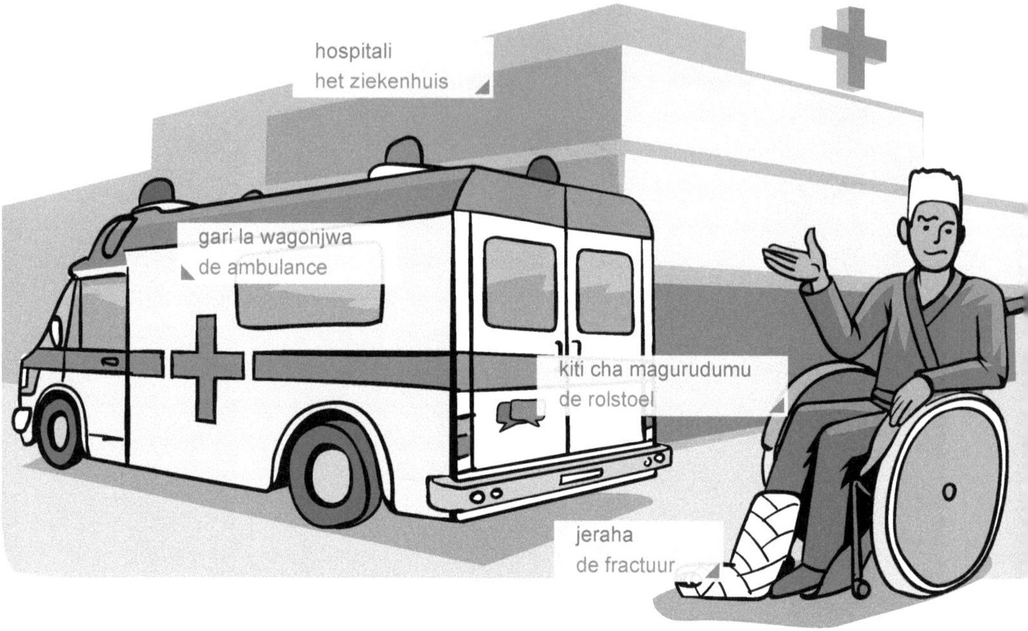

hospitali
het ziekenhuis
gari la wagonjwa
de ambulance
kiti cha magurudumu
de rolstoel
jeraha
de fractuur

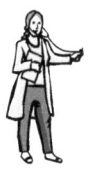

daktari

de dokter

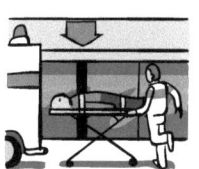

chumba cha dharura

de EHBO

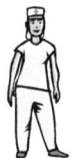

muuguzi

de verpleegster

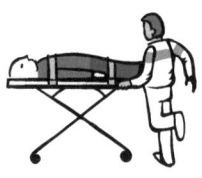

dharura

het noodgeval

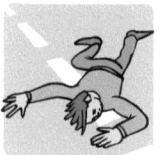

kupoteza fahamu

bewusteloos

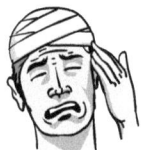

maumivu

de pijn

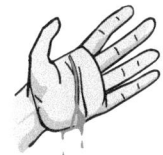

kuumia

de verwonding

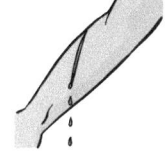

kutokwa na damu

de bloeding

mshtuko wa moyo

de hartaanval

kiharusi

de beroerte

mzio

de allergie

kikohozi

de hoest

homa

de koorts

mafua

de griep

kuharisha

de diarree

maumivu ya kichwa

de hoofdpijn

kansa

de kanker

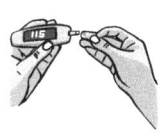

ugonjwa wa kisukari

de diabetes

daktari mpasuaji

de chirurg

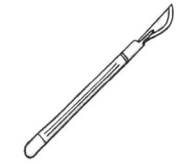

kisu kidogo cha kupasulia

het scalpel

operesheni

de operatie

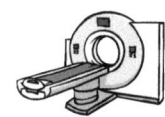

picha changanufu ya mwili

de CT

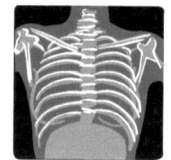

Eksrei

de röntgen

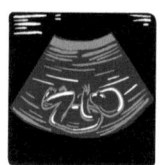

mawimbi sauti

de echografie

barakoa ya uso

het gezichtsmasker

ugonjwa

de ziekte

chumba cha kusubiri

de wachtkamer

mkongojo

de kruk

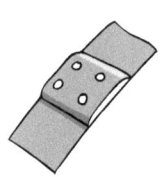

plasta

de pleister

bendeji

het verband

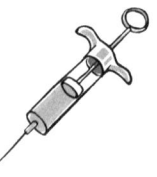

sindano

de injectie

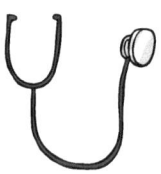

stetoskopu

de stethoscoop

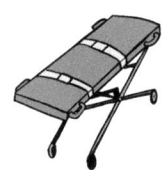

machela

de brancard

kipimajoto cha kliniki

de thermometer

kuzaliwa

de geboorte

unene kupita kiasi

het overgewicht

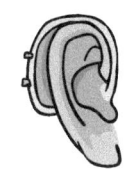

kusikia misaada

het gehoorapparaat

kipukusi

het ontsmettingsmiddel

maambukizi

de infectie

virusi

het virus

VVU / UKIMWI

(de) HIV / AIDS

dawa

het medicijn

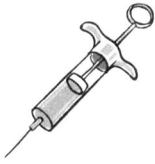

chanjo

de inenting

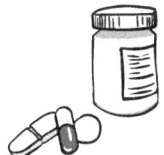

vidonge

de tabletten

kidonge

de pil

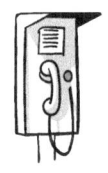

simu ya dharura

het alarmnummer

haemodainamomcta

de bloeddrukmeter

mgonjwa / mwenye afya

ziek / gezond

Msaada!

Help!

kengele

het alarm

pigo

de overval

shambulizi

de aanval

hatari

het gevaar

lango la dharura

de nooduitgang

Moto!

Brand!

kizima moto

de brandblusser

ajali

het ongeluk

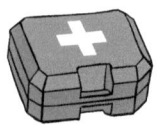

vifaa vya huduma ya
kwanza

de EHBO-koffer

wito wa msaada

SOS

polisi

de politie

Ulaya

Europa

Amerika ya Kaskazini

Noord-Amerika

Amerika ya Kusini

Zuid-Amerika

Afrika

Afrika

Asia

Azië

Australia

Australië

Atlantiki

de Atlantische Oceaan

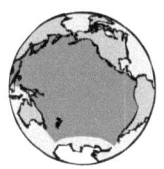

Pasifiki

de Stille Oceaan

Bahari ya Hindi

de Indische Oceaan

Bahari ya Antaktiki

de Zuidelijke Oceaan

Bahari ya Aktiki

de Noordelijke IJszee

Ncha ya Kaskazini

de Noordpool

Ncha ya Kusini

de Zuidpool

Antaktika

Antarctica

dunia

de aarde

nchi

het land

bahari

de zee

kisiwa

het eiland

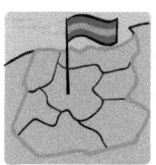

taifa

de natie

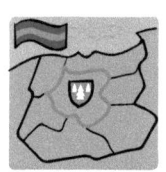

jimbo

de staat

uso wa saa

de wijzerplaat

akrabu ya saa

de uurwijzer

akrabu ya dakika

de minutenwijzer

akrabu ya sekunde

de secondewijzer

Ni saa ngapi?

Hoe laat is het?

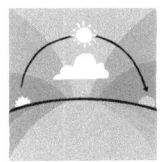

siku

de dag

wakati

de tijd

sasa

nu

saa ya dijitali

het digitaal horloge

dakika

de minuut

saa

het uur

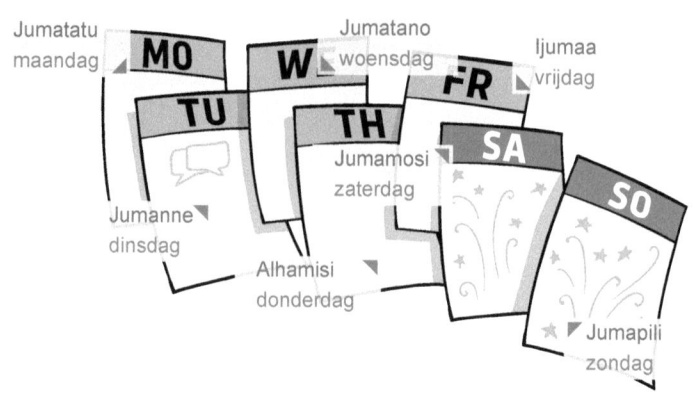

Jumatatu maandag
Jumatano woensdag
Ijumaa vrijdag
Jumanne dinsdag
Jumamosi zaterdag
Alhamisi donderdag
Jumapili zondag

jana
gisteren

leo
vandaag

kesho
morgen

asubuhi
de ochtend

saa sita mchana
de middag

jioni
de avond

MO	TU	WE	TH	FR	SA	SU
1	2	3	4	5	6	7
8	9	10	11	12	13	14
15	16	17	18	19	20	21
22	23	24	25	26	27	28
29	30	31	1	2	3	4

siku za biashara
de werkdagen

MO	TU	WE	TH	FR	SA	SU
1	2	3	4	5	6	7
8	9	10	11	12	13	14
15	16	17	18	19	20	21
22	23	24	25	26	27	28
29	30	31	1	2	3	4

mwishoni mwa wiki
het weekend

mvua
de regen

upinde wa mvua
de regenboog

theluji
de sneeuw

upepo
de wind

majira ya machipuko
het voorjaar

kiangazi
de zomer

vuli
de herfst

majira ya baridi
de winter

4.APRIL	11°	☀
5.APRIL	4°	🌧
6.APRIL	13°	⛈
7.APRIL	8°	❄
8.APRIL	10°	☀

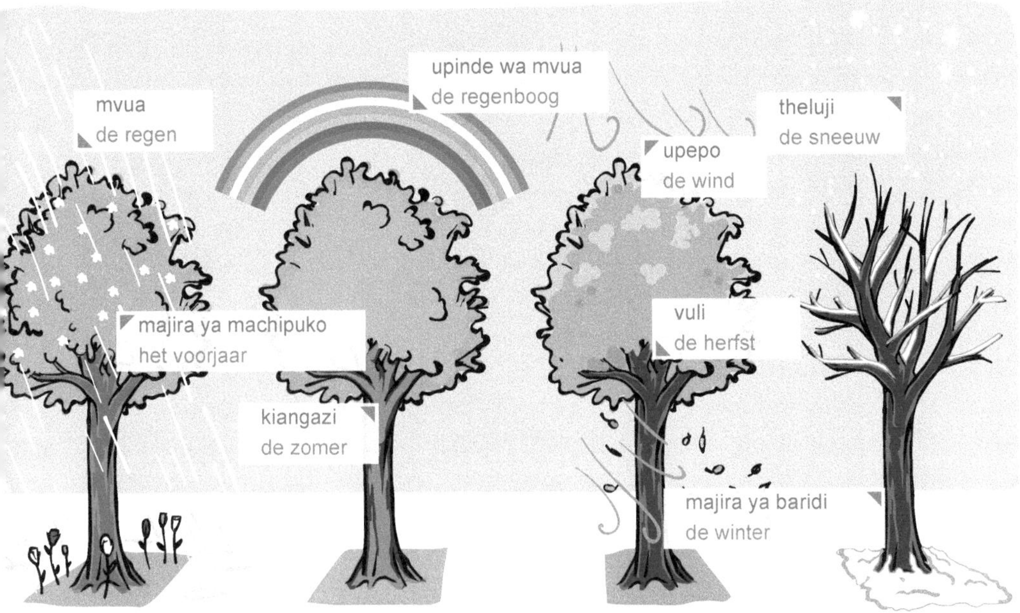

utabiri wa hali ya hewa

het weerbericht

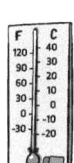

kipimajoto

de thermometer

mwanga wa jua

de zonneschijn

wingu

de wolk

ukungu

de mist

unyevu

de luchtvochtigheid

umeme

de bliksem

radi

de donder

dhoruba

de storm

mvua ya mawe

de hagel

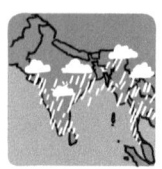

monsuni

de moesson

mafuriko

de overstroming

barafu

het ijs

Januari

januari

Februari

februari

Machi

maart

Aprili

april

Mei

mei

Juni

juni

Julai

juli

Agosti

augustus

Septemba

september

Oktoba

oktober

Novemba

november

Desemba

december

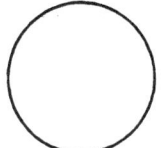

mduara

de cirkel

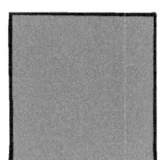

mraba

het vierkant

mstatili

de rechthoek

pembetatu

de driehoek

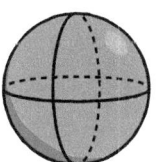

nyanja

de bol

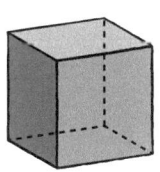

mchemraba

de kubus

nyeupe

wit

manjano

geel

chungwa

oranje

rangi ya waridi

roze

nyekundu

rood

hudhurungi

paars

bluu

blauw

kijani

groen

hanja

bruin

jivujivu

grijs

nyeusi

zwart

mengi / kidogo

veel / weinig

hasira / pole

boos / rustig

nzuri / mbaya

mooi / lelijk

mwanzo / mwisho

begin / einde

kubwa / ndogo

groot / klein

angavu / giza

licht / donker

kaka / dada

broer / zus

safi / chafu

schoon / vies

kamilika / tokamilika

volledig / onvolledig

siku / usiku

dag/ nacht

wafu / hai

dood / levend

pana / nyembamba

breed / smal

kulika / kutolika

eetbaar / oneetbaar

ovu / ema

gemeen / aardig

sisimkwa / udhika

opgewonden / verveeld

nene / nyembamba

dik / dun

kwanza / mwisho

eerste / laatste

rafiki / adui

vriend / vijand

jaa / tupu

vol / leeg

ngumu / laini

hard / zacht

nzito / nyepesi

zwaar / licht

njaa / kiu

honger / dorst

mgonjwa / mwenye afya

ziek / gezond

haramu / kisheria

illegaal / legaal

akili / kijinga

intelligent / dom

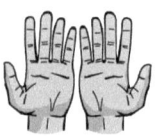

kushoto / kulia

links / rechts

karibu / mbali

dichtbij / ver

mpya / kutumika

nieuw / gebruikt

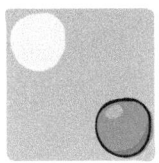

kitu / jambo

niets / iets

zee / changa

oud / jong

waka / zima

aan / uit

wazi / fungwa

open / gesloten

utulivu / kelele

zacht / luid

tajiri / masikini

rijk / arm

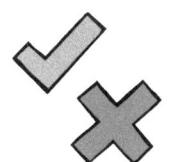

sahihi / kosa

goed / fout

mbaya / laini

ruw / glad

huzunika / furahia

verdrietig / gelukkig

fupi /ndcfu

kort / lang

polepole / haraka

langzaam / snel

nyevu / kavu

nat / droog

joto / baridi

warm / koel

vita / amani

oorlog / vrede

0

sufuri

nul

1

moja

één

2

mbili

twee

3

tatu

drie

4

nne

vier

5

tano

vijf

6

sita

zes

7

saba

zeven

8

nane

acht

9

tisa

negen

10

kumi

tien

11

kumi na moja

elf

12

kumi na mbili

twaalf

13

kumi na tatu

dertien

14

kumi na nne

veertien

15

kumi na tano

vijftien

16

kumi na sita

zestien

17

kumi na saba

zeventien

18

kumi na nane

achttien

19

kumi na tisa

negentien

20

ishirini

twintig

100

mia

honderd

1.000

elfu

duizend

1.000.000

milioni

miljoen

Kiingereza

Engels

Kiingereza cha Marekani

Amerikaans Engels

Kimandarini cha Uchina

Chinees Mandarijn

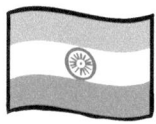

Kihindi

Hindi

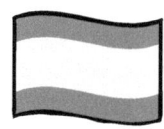

Kihispania

Spaans

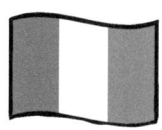

Kifaransa

Frans

Kiarabu

Arabisch

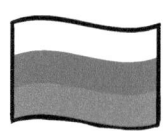

Kirusi

Russisch

Kireno

Portugees

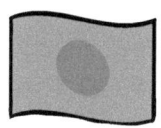

Kibengali

Bengalees

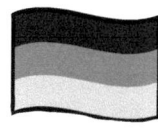

Kijerumani

Duits

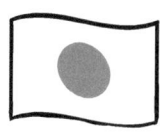

Kijapani

Japans

mimi

ik

wewe

jij

yeye / yeye / ni

hij / zij / het

sisi

wij

wewe

jullie

wao

zij

nani?

wie?

nini?

wat?

jinsi gani?

hoe?

wapi?

waar?

lini?

wanneer?

jina

de naam

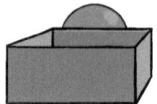

nyuma

achter

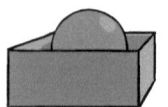

katika

in

mbele ya

voor

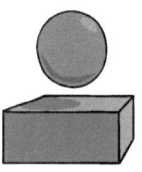

juu ya

boven

kwenye

op

chini ya

onder

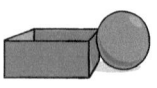

kando

naast

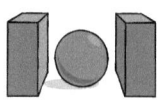

kati

tussen

mahali

plaats